中华中医昆仑

徐景藩学术评传

张镜源◎主编

中国盲文出版社

图书在版编目（CIP）数据

徐景藩学术评传（大字版）/ 张镜源主编. —北京：中国盲文出版社，2015.12

（中华中医昆仑）

ISBN 978-7-5002-6860-4

Ⅰ. ①徐… Ⅱ. ①张… Ⅲ. ①徐景藩—评传 Ⅳ. ①K826.2

中国版本图书馆 CIP 数据核字（2015）第 317031 号

徐景藩学术评传

主　　编：张镜源
责任编辑：张冬芝
出版发行：中国盲文出版社
社　　址：北京市西城区太平街甲 6 号
邮政编码：100050
印　　刷：北京华联印刷有限公司
经　　销：新华书店
开　　本：700×1000　1/16
字　　数：42 千字
印　　张：6.75
版　　次：2015 年 12 月第 1 版　2015 年 12 月第 1 次印刷
书　　号：ISBN 978-7-5002-6860-4/K·465
定　　价：12.00 元
销售服务热线：（010）83190297　83190289　83190292

丛书编委会

前　言

中医药是中华民族的伟大创造，是世界医学宝库中的夺目瑰宝，数千年来为中华民族的繁衍昌盛作出了巨大的不可磨灭的贡献，至今仍是中国医药卫生事业不可分割的重要组成部分，在维护民族体魄康健、促进经济社会发展中发挥着不可替代的作用。

中医药学，是中华传统文化和科技文明的结晶，是勤劳聪慧的中华儿女在几千年生产生活实践中，在与疾病作斗争的过程中，创造的独具特色的医学科学体系。它有着浓郁的民族特色、深厚的文化底蕴和丰富的哲学内涵。经过一代又一代中医药传人、一辈又一辈名医大家的实践探索、薪火传承、总结完善、创新发展，逐步形成了系统的理论体系、独特的诊疗方法、丰富的医学内容、实用的制药技术。具有疗效确切、用药安全、应诊灵活、普适简廉和预防保健作用显著的巨大优势，在世界医学之林独树一帜，为人类的文明进步与医疗保健事业，已经并正在作出积极的贡献。

为了弘扬中华民族传统文化，彰显中医药学家的丰功伟绩，当代中医药发展研究中心与中国文学艺术界联合会、国家中医药管理局新闻办公室、中华中医药学会、中国中医科学院、北京中医药大学、世界中医药学会联合会等精诚合作，在国家中医药管理局的支持和指导下，为中华近现代百年来贡献卓著、深受敬仰的150位中医药学家，编撰出版了这部大型传记丛书。丛书采用评传体裁，记载他们的生平事迹、医术专长、学术思想、传承教育、医风医德、养生之道和突出贡献，使这些宝贵的医学成就和精神财富发扬光大，千古流芳。

丛书取名《中华中医昆仑》。昆仑山，被尊为“万山之祖”，柱西北而瞰东南，立中国而凭世界，凌驾乾坤，巍然屹立。以其高峻豪迈、绵延起伏的磅礴气势，寓意中华中医药学历史悠久、博大精深和永不衰竭；以其挺拔雄伟、高耸入云的恢弘气魄，彪炳一代中医药学家的丰功伟绩、杰出贡献和不朽勋业。

丛书入选传主，从全国范围推荐遴选，遍及中医药界各个领域。有临床家、理论家、药学家、教育家、医史文献学家；有名师亲授、世医家教、学派传人、院校毕业和自学成才者；有师徒并驾、父子齐名和伉俪联袂者。他们学术造诣深厚、诊疗技术精湛、临床经验丰富、学科地位崇高、科研成果丰硕、医风医德高尚、国内外影响较大，从医学理论到临床实践，为中医药事业的传承和发展作出了突出贡献，是近现代百年来中华中医药界的杰出代表。

丛书的出版，对于弘扬中华文化，振兴中医药事业，造就中医药人才，普及中医药知识，具有重要的现实意义和深远的历史意义。这是一项开创性工作，填补了我国为著名中医药学家大规模撰写传记的空白；也是一项抢救性工作，因入选传主已仙逝过半，许多亲历、亲见、亲闻的史料日见散逸，将之收集整理、编撰成书，功垂后世、利国利民；更是一项承前启后的工作，总结传主经验，传承中医药伟业，继往开来，光耀世界医学之林。这部医文结合，富蕴历史性、学术性、文学性和实用性的鸿篇巨制，对医疗、卫生、科研、教育及全球关注中华中医药文化的各界人士，都有重要的参考和阅读价值。

丛书的编撰出版，是一项巨大的中医药文

化建设工程，在策划、撰写、编辑、出版过程中，自始至终得到了国家有关领导、政府部门及社会各界人士的关心和支持。国家中医药管理局高度重视，并组织专家对全书进行终审；数百名专家、学者亲临指导，参与规划；有关省、市、自治区卫生厅、局、中医局（处）给予大力帮助；传主及其亲属、弟子热情支持、密切配合；撰稿人深情满怀、辛勤笔耕；编审专家尽心竭力、精工细琢；关爱中医药事业的企业家热心公益、慷慨资助；全体工作人员不辞辛劳、无私奉献，这一切使丛书得以顺利出版。对此，我们深表谢意。

由于时间紧迫和资料搜集困难，加之水平有限，难免有疏误之处，敬请广大读者批评指正。

中华中医药学，历史悠久，源远流长，发端于远古，奔向于未来。百年对于历史，不过是短暂的瞬间；百人对于万众，不过是沧海一粟。然本丛书所记载的百年百人，则无疑是波澜壮阔的中医药发展史上辉煌的篇章和光芒闪烁的璀璨星辰。

张镜源

目录

认真诊疗，潜心研思；议病议药，提高治效。学而不厌，诲人不倦；廉洁行医，奉献一生。

——徐景藩

徐景藩，1927 年 12 月出生，著名中医内科临床家，江苏省中医院（南京中医药大学附属医院）主任中医师、终身教授。出身江苏吴江盛泽镇的中医世家，1941 年起随父学中医，1944 年再拜师江浙名医朱春庐门下，续学三载，1947 年行医乡里。1952 年报考卫生部“中医研究人员”班被录取后，学习五年毕业。1957 年调至江苏省中医院工作。翌年该院承担南京中医学院（现南京中医药大学）临床教学任务，徐景藩即为内科教研组成员，担任部分中医内科学课堂教学和临床带教。

徐景藩擅长脾胃病的诊疗。对食管病主张

调升降、宣通、润养，创“藕粉糊剂卧位服药法”。治胃病主张从三型论治，参用护膜法。治疗以便泄为主症的慢性结肠炎，创“连脂清肠汤”内服和“菖榆煎”保留灌肠法。创“残胃饮”治疗残胃炎症。脾胃病重视参用疏肝理气。用药注意刚柔相配、升降相须等法，不断提高疗效。他对中医理论、江苏历代名医诊疗脾胃病的经验、脾胃病古今文献以及慢性胃炎、上消化道出血、肝病、慢性结肠炎、食管病等疾病的研究从未中断，并取得较好的疗效。发表的 130 余篇学术论文中，绝大部分为脾胃病学术论文，有的论文已被日本书刊全文转载。著有《徐景藩脾胃病治验辑要》等 2 部，其中有的经验、方论被收入《当代名医临证精华》、《现代名医内科绝技》等 10 余本医集中。参加编写《中医内科学》、《现代中医内科学》等 4 部教材。有 4 项科研成果分别获国家中医药管理局、江苏省卫生厅、江苏省中医药局科技进步一、二等奖和甲级奖。

徐景藩曾任江苏省中医院院长兼江苏省中医研究所所长，中华中医药学会理事，中华中医药学会内科学术委员，脾胃病学组副组长、顾问，江苏省中医药学会理事、副会长，江苏省中医科技委员会委员，《中医杂志》特约编审，《江苏中医药》杂志常务编委，江苏省药品审评委中医药组组长，江苏省“三三三跨世纪人才工程”培选专家委员会成员，江苏省高级卫技人员评审委员会主任委员。现任江苏省中医药学会名誉会长，中华中医药学会终身理事。

徐景藩 1990 年被确定为全国老中医药专家学术经验继承工作指导老师，1992 年起享受国务院政府特殊津贴，1993 年被评为江苏省中医系统先进工作者，1994 年被评为全国卫生系统先进个人，1996 年获白求恩奖章，2009 年由人力资源和社会保障部、卫生部、国家中医药管理局评选为国医大师。

如今，他虽两鬓如霜，但力倡中医特色、坚持临床查房的工作不变；他虽体力下降，但济世救人、一心为患者的初衷不变；他虽不再担任院、所领导，但献身岐黄、振兴中医药事业的目标不变。实事求是、淡泊名利、做人低调，体现了一代名医的大家风范；平实、平和、平稳、平凡，构成了徐景藩为人、为医、为官、为师的人生本色。

耳濡目染秉家传
兼收并蓄再拜师

1927 年徐景藩出生时，祖父徐子卿已是一方名医。其堂匾名“培德堂”，两旁高挂着病家赠送的“起死回生”、“扁鹊再世”等匾额。每日前来诊病者川流不息，门庭若市，都是内科时病或杂病，有初诊，有复诊。祖父上午门诊，下午出诊。他面容慈祥，态度和蔼，细心诊疗，详细叮嘱，贫病者不计诊金，确有困难者，不仅免收诊费，还给钱配药，或在处方上注明“药资由子卿付”，届时统一向药店支付。有的病人第一次用床板抬来，经祖父诊病处方，第二次由家人搀扶来，第三次则自己步行而来；由呻吟痛楚而逐步好转，面带笑颜，连声道谢，称祖父医术高明。祖父从早到晚，甚为辛苦，茶余饭后，还给徐景藩父亲讲述诊治经验和用药心得。深夜读书，吸取间接经验，对疑难重病，考虑来日处方对策。一年四季，几乎天天忙碌，应接不暇。但夏夜乘凉，遇有兴趣，祖父便哼唱昆曲，腋下夹一把扫帚，踱着台步，边走边唱，自娱自乐，调剂心身。

徐景藩是长孙，祖父自然非常疼爱，从小教他认字写字，尤其是药的名字，如天麻、金银花、大黄、甘草等。闲时抱他坐在膝上，手把手教握毛笔、描红、写字。在他四五岁时，祖父出诊，曾几次带着他同去。祖父给病家诊病，他则帮着磨墨，看祖父开处方，向病家交代病情，嘱咐如何煎药服药、饮食宜忌、生活护理等。那时，徐景藩虽尚年幼，却能安坐静听，病家均夸："这孩子文静、懂事、有礼貌。"祖父床前的便壶，一年365天都是他去倒、洗。祖父无声的教诲、辛劳和蔼的形象，在他幼小的心灵烙下了深深的印记，他立志来日也要学习中医，做一名治病救人的良医。

父亲徐省三，自幼读私塾多年，后随父学医，子承父业。学成后逢农历每月二、五、八到相距7公里的坮垳镇童仁泰药店坐堂，早去晚归，往返的交通工具就是浙江绍兴特有的乌篷船。除坐堂以外，他还在家帮父亲写处方，看“小号”。“小号”就是那些经父亲出诊看过已有好转的病人。如看了重病、疑难病症，晚上就向父亲汇报、求教。这种家庭式的小型“病案讨论”，纯中医的辨证施治、理法方药的研讨，让经常在旁聆听的徐景藩耳濡目染，逐渐有所感受、感悟，无形中产生了浓厚的兴趣。此外，徐景藩经常练习毛笔字，翻阅一些中医药书籍。这种生活方式和家庭教育，为他后来立志学习中医打下了良好的基础。

6岁时，徐景藩在离家咫尺的“绸业小学”上学读书。这是一所当地丝绸行业开办的子弟学校，师资水平较高。校长唐诵清，年近古稀，国学功底深厚，工于诗文。他亲自拟订每一年级的主要课程，所聘教师除规定的学历、资历等条件外，都须经他亲自面试。而唐校长本人也在五六年级担任部分国文课，并不定期地去各班听课，检查教学质量。由于教学质量高，学校在全镇享有极佳的声誉。祖父和唐校长素有交往，顺利地把徐景藩这个非丝绸业的子弟送进了这所学校。

徐景藩在绸业小学学习时，还有机会学习弹风琴，对音乐稍有入门，这也有利于智力的开发。他记得当时每个教室都有一架风琴，专供音乐课老师教学之用。他经过一个学期的练习，初步掌握了一些技巧，并可以弹奏一般的歌曲。这对徐景藩一生的业余生活产生了较大影响，直到现在，他仍在空闲时间弹弹琴，以陶冶心身。这都得归功于童年时代的基础。他常说："启蒙教育对一个人来说，是多么的重要！它往往会影响一个人的一生。”

1937 年 7 月 7 日，日本发动全面侵华战争，深秋，家乡吴江沦陷，全家人逃到坮坵。在坮坵大庙里，由浙江避难来此的老中医李继山先生办起了临时私塾，父亲便送徐景藩去学习。李老师对他稍加考核，认为他的语文程度可读《幼学琼林》，算是“高班生”。除每天教一段课文外，还教他《百家姓》、《千字文》、《大学》、《中庸》等。他在短期内读完这些书后，受老师之命，开始担任初、中班的辅导任务。虽只 3 个月的时间，但他每天读书、背诵、练文习字，语文水平续有提高。后来返回盛泽，小叔父又教他读《论语》、《孟子》。1938 年夏末，他再入淘沙弄小学五年级，两年后毕业。当时家乡没有中学，他只好自己补习《古文观止》、英文、数学、高中国文等。同时仍继续在家读医书、抄方、挂号。边学中医，边学文化。语文水平的不断提高，特别是扎实的古汉语基础，对他日后学习中医大有好处，使他终身受益。

1941 年，徐景藩随父学医。父亲让他先抄书，把要熟记的部分用毛笔一字一字工整地抄在一张张“元始纸”上，最后装订成册。读的时候，用鹅毛管蘸上银朱点作标点。这样做的好处有三：一是练习毛笔字，打好学医的基础。二是良好的修身训练。写字笔笔无误，要求思想高度集中，心神宁静，戒除浮躁，摒弃杂念。三是诵学经自己亲手抄写的医书，容易上口背诵，学习效率高，以后经常温习，不仅温故知新，还能加深记忆和理解。

父亲给他规定了 3 年的读书进度。第一年学习中医基础。他读的第一本中医启蒙书是《雷公炮制药性赋》，按寒、热、温、凉、平性药，1 个月时间读完。临证抄方时，父亲还会重点提示处方中的药物应用与配伍方法。这样做不仅加深了他对用药基本理论的理解，对用过的药物也能够牢牢地记住。接下来是读《汤头歌诀》。他采取“滚雪球”的方法，读后面，温习前面，并参阅相关注释，共用了半年时间。接着读李念莪的《内经知要》。该书条文精练，他用 3 个月基本读完。与此同时，还参考阅读《素问》、《灵枢》和《难经集注》等书。由于内容多，条文深奥，遇到难以完全理解之处，他就“囫囵吞枣”地先读下来，以后再慢慢“消化吸收”。这些经典著作，在以后的漫长岁月里，他年年学，年年有新体会。后来，他又读了淮阴陆慕韩著的《验舌辨证歌诀》和李时珍的《濒湖脉诀》等书。这样，算是完成了第一阶段的中医基础学习，共花了约一年的时间。

第二年学习内科基础。在父亲的安排下，他读了张仲景的《伤寒论》、《金匮要略》和叶天士的《温热论》。这一年，父亲只是指导、释疑，学习进度全由他自己掌握。读《伤寒论》参阅成无己的《注解伤寒论》，学《金匮要略》

参阅尤在泾的《金匮要略心典》。他每日早晨习字、温课、背诵；上午仍是挂号，临证学习，侍诊抄方；下午读新的内容，并继续抄书，整理上午抄录的处方，结合病例，查阅有关本草和方剂，加深理解；晚上聆听父亲讲解白天诊治的一些疑难病例的体会和经验。天天如此，寒暑不辍。

第三年，徐景藩开始读李士材的《医宗必读》及叶天士的《临证指南医案》每个病证案例后的总括。《医宗必读》只要求阅读，每个病证的理法方药，须认真理解而不求背诵。《临证指南医案》的总括文中比较重要的文句，多读后自然也就记熟了。例如卷一《肝风》篇云："肝为风木之脏，因有相火内寄，体阴用阳，其性刚，主动，主升，全赖肾水以涵之，血液以濡之，肺金清肃下降之令以平之，中宫敦阜之土气以培之……"类似这样重要的内容，迄今他仍能朗朗背诵。这些内容既有文学内涵，又有医理真谛，对阐明某些病证的病因病机、治法概要，具有实践指导意义。至于需要背诵的段落语句，由自己阅读全文以后勾画出来，并且专门抄录在本子上，以便诵读、温习，并常思、常读。其他如《丁甘仁医案》、《张聿青医案》等书，他是结合《临证指南医案》的某一病证，相互参阅，以求学习多家经验，拓展思路。联系时令季节及侍诊时所遇病例，选读有关医案，点点滴滴，反复学习，使他打下了坚实的临床基础。

三年的时光是短暂的，风华正茂的徐景藩，求知若渴，在父亲的谆谆教诲和指导下，从启蒙到入门，并最终跨进了中医学的殿堂。因为自幼耳濡目染，徐景藩对中医学有着深厚的感情，从医的思想一开始就非常坚决，并且从来没有动摇、疑惑过。在学医的路途上，他始终按照父亲当年学医的模式。父亲为他安排的学习课程也符合循序渐进的学习原则，而且从一开始就采用理论联系实际的方法。3年的师承教育，徐景藩至今还一直怀念，铭记于心，留恋这3年的流金岁月，是多么珍贵！感慨师承教育对培养中医后继人才是多么的至关重要！

1944年春天，徐景藩开始了第二阶段的学习。父亲把他送到朱春庐老师家里，重又拜师。朱师是上海朱斐君和乌镇张艺城两位名师的高徒，擅长脾胃病、时病和多种疑难病症的诊疗，是百姓心目中的名医，誉满江浙。父亲深知朱师博览群书，别有见解，颇多创新，经验丰富，为使儿子多学习，多见识，增长才干，宁可自家的业务受些影响，也让儿子随朱师学习。有人嘲讽徐省三，把儿子送到朱家学习，说明自己技不如人。他则坦然笑道："这是博采众长。叶天士曾师从多人，医道出众，尽人皆知。说不定我今后还要儿子再从师他人呢！"

进入师门之后，徐景藩仍然是上午临证、

抄方，下午读书自学。朱师字体活泼，笔力雄劲，一手行书十分洒脱，每一纸方笺都可称墨宝。徐景藩从复诊病人留下的老方笺中，挑选有代表性的时病、杂病，集在一起，当作字帖，认真临摹，抄方时再用心揣摩。3个月的临证抄方，居然与老师的字体有三五分相似，深得朱师赞许。加上徐景藩本身具有良好的中医功底，颇能心领神会，于是朱师就让他午后跟随自己出诊，由徐景藩书写处方，自己再抄录存根，记录病情。这样，上午、下午各有抄方簿，一册一册，编集保存，一年下来，竟积累了几十册。徐景藩都把它珍藏好。到第二年结束时，他将各种病证分门别类，找出典型的、具有用药特色且已获效的案例加以整理，以老病例为主，新病例为辅，工楷抄录，装订成3册，约有480则医案。第三年年中，他将基本完成后的医案交给朱师审阅。朱师见了，颇为惊喜，并欣然命笔，在每册封面上题写“验案集粹”4

字。这是老师对他最大的肯定和嘉奖，更增添了他学习中医的动力。那是1946年的深秋，一个收获的季节。

3年里，徐景藩每天以临证（门诊、出诊）学习为主。抄方3个月后，由朱师口授，徐景藩书写处方，朱师再复审一遍，交给病人，并嘱咐煎药、服药、饮食、生活起居及精神情绪等注意事项。徐景藩则利用这点时间，录下处方存根。每次下乡出诊回程途中，朱师都对病人的病情特点、自己的处方用药及临床经验，给他重点提示。有时还联系这一类病证的病因病机、证候异同、常用方药及特殊用药，给他作系统讲授。徐景藩随师出诊，形影不离，三载时光，风雨无阻。这种师承教学形式，理论联系实际，学生容易理解领悟，同时培养了亲密的师生关系，这是现在中医院校的教育方式所无法达到的。

此外，徐景藩还读了许多历代医家名著，

如《备急千金要方》、《诸病源候论》、《脾胃论》、《丹溪心法》、《景岳全书》及明清各家医案、医论、医话，还读了当时沪上名医恽铁樵、陆渊雷、章次公等的著作。其时，陆渊雷所著的《伤寒论今释》出版。陆氏对仲景理论和方药运用有自己独到的见解，对脏腑生理解剖融合了现代医学知识，做了一些补正说明；在经方运用方面，参考了当时《皇汉医学》所载的经验和病例简介，颇有新意。徐景藩读后深受启发。受陆氏影响，他也相应地读了一些现代解剖、生理学等书籍，虽然没有实物可供试验，但是这些知识确实使他有茅塞顿开之感。了解人体结构、功能知识，有助于诊疗疾病。这是他当时对现代医学粗浅的认识，然而却为他后来的学习、工作奠定了坚实的基础。

时光荏苒，转眼已是三度寒暑，徐景藩学满出师了。朱师送给他一块用银杏木做的长方形牌匾，上书“朱春庐授徐省三子徐景藩内科大方脉”，算是发给这位得意门生满师的“证书”。从此，徐景藩开始了自己独立行医的生涯。

初出茅庐逢机遇
北上求学续深造

父亲和朱师两个成名医生同在一个镇上，而全镇总人口不足3万。徐景藩还很年轻，是一个初出茅庐的小医生，按一般规矩需要先到其他小乡镇去开业行医。于是，父亲将他安排到离家7公里的坮坵镇。父亲曾在这里开业行医20多年，在小镇具有很高声望。当时是每逢农历二、五、八的日子前去，称为“摆期”。现在，父亲让徐景藩沿着自己走过的路，先去“摆期”。多年以来，坮坵一带的农民都知道省三先生是逢每月二、五、八到坮坵的“摆期郎中”。如今，他的儿子前来子承父业，免得当地百姓再远道赶到盛泽看病，大家都感到方便了许多。这对徐景藩来说也是一个极好的机会。父亲如此煞费苦心、周密细致的考虑和安排，让他很是感动！

最初在圩坵行医的日子，徐景藩的业务情况可想而知。一个小先生，无名又无望，谁会来求医诊病？起初，上下午共6小时，看一两个病人，还是一些普通的咳嗽、胃痛等，这种坐“冷板凳”的日子十分难熬。但父亲一开始就再三告诫徐景藩：“小郎中是‘守’出来的。‘守’就是要坐得住。只要有病人来，就必须细心诊治，反复思考。开一张药方，使病人服后取得效果，才会有复诊。”徐景藩牢记父训，没有病人时就看书、写字、抄书，从不越雷池一步。有病人求治之时他就认真诊疗，处方用药力求准确，先开2帖、3帖。病情确有改善，患者便会再来复诊。进入夏季，气温渐高，胃肠道疾病增多，疟疾、伤寒等传染病也开始流行。这样在徐景藩开业1个月后，每日病人增加到了七八位，此外还有近乡二三里路的出诊一两个。这样，每天 6 个小时的时间就显得相当紧张，没有空闲。

秋去冬来，天寒地冻，病人又开始减少。所谓“风大一半，下雨全无”，这似乎是乡镇百姓看病的规律。风雨的日子，病人少，医生闲，又需多坐“冷板凳”。徐景藩就利用这些时间看书。他对自己严格要求，空闲时间只看业务书。有计划地读书，不仅使他增长了知识，打好了中医理论基础，而且养成了良好的习惯，坚持奉行“业精于勤荒于嬉”的古训。乡亲们都夸这小郎中勤奋好学。至于诊金，他从不计较多少，贫病者干脆送诊，不收分文，有时还出钱给贫苦的病人配药。

5 年的行医生涯，使徐景藩在中医理论及临床实践上都有所提高。通过阅读一些中西医结合的书刊，他初步体会到中医辨证施治、自然药物资源丰富等优点，同时也深感需要学习近代解剖、生理学等知识，以充实对人体结构、机能的认识。对农村一些常见病、多发病，他虽有初步的医疗经验，然而，对于诊断的精确性和准确性，却信心不足；对危重病症，治疗手段比较简单，常常束手无策，只能让人家“另请高明”。他认识到自己医疗水平十分有限，于是萌发了继续学习的愿望，希望能有机会接受现代高等医学教育。但是，他没有读过初中、高中，接受高等医学教育对当时的他来说只能是奢望。不过，他相信“有志者事竟成”。他严格要求自己，既做好眼前的工作，也为将来的深造做着各方面的准备。

1949 年春天，徐景藩的家乡解放了。人们的思想观念发生了根本性的变化，那些原先上不了中学的青年，也燃起了继续上学受教育的希望之火。徐景藩多年来读书、临证、学习、工作，已初步具备医生的素质。他想做个好医生，他想上大学，于是他自学外文、数、理、化等中学课程，做好准备，等待时机。1950年秋天，华东人民广播电台开办了“俄语广播学校”，他毅然报名参加。学习期间他按时将作业、考试答卷寄到电台教学组，学完了3册俄文教材。学习其他课程，则是向曾经或正在吴江中学读书的老同学或邻居、亲友借来旧教材，因为这些书籍在家乡是买不到的。他由浅入深，自学了数学、物理、化学、历史、地理，不懂之处，千方百计找人请教。而读医书、行医看病的本职工作还要正常进行。他每天安排得十分紧凑，见缝插针，寸阴必惜，从不浪费一分一秒。

1952年3月上旬，邻居石鹤令老先生兴冲冲地拿了一份《解放日报》来到他家，告诉他报上刊登了一则中央卫生部关于“中医研究人员”的招生通告，其宗旨大致是招收已经从事中医工作的青年医生去京深造，学习现代医学知识和技能，培养研究中医药的人才，继承发扬中医药学。报考条件，一是从事中医临床工作5年以上，二是具有高中毕业或同等学力文化程度。考试科目为政治、语文、外语（俄、英文），以及数学、物理、化学、历史、地理。符合报名条件者，约在1个月后进行考试，如能录取，按“调干”待遇。徐景藩反复仔细地看了报纸，真好像是久旱盼来了甘霖。

这是一次难得的机遇。徐景藩对照自己的情况，按高中毕业同等学力报考的条件报了名，但内心却毫无把握，依然是一边行医，一边加紧自学。他深知自学之艰难，尤其是化学，没有实验条件，就没有感性认识，不时遇上一大堆难题，令他焦急不安。因此，对报考之事，他一直保守秘密，只有妻子知道。所以如此，一是怕父母担心，因为他若能考上，就得离家5年，且毕业后肯定要服从国家安排，不能再回家乡；二是怕报名不成，或考试不合格，惹得他人讥笑自己异想天开。所以，连报信儿的邻居石先生也不知他报了名。

报名信函发出半个月后，徐景藩收到了华东军政委员会干部处署名的通知书，通知他去上海应试。

紧张的考前复习准备，徐景藩真是废寝忘食！一星期后启程赴沪参加考试。他做好了两种准备，如果没被录取，今后就加强学习，加倍努力，他相信以后应该还有机会；通过这次考试，也算是增加一些临考的体会和经验。也就是说，即使没被录取，他也能坦然处之。他的心逐渐平静下来，继续行医看书，收听俄语广播教学节目。

6 月 28 日下午，邮递员送来一封信。那是华东军政委员会卫生部干部处发的函，上面用毛笔写道："兹奉中央卫生部 1952 年 6 月 14 日〔52〕卫医字 526 号通知，公布中医专门研究人员名单，先生已列为正取，务希即行准备，于 7 月 10 日上午来部报到，转介去京为要。"徐景藩看到这封信，不敢相信这是真的，激动和欣喜的泪水顿时夺眶而出。这封信改变了他的一生，也说明中华人民共和国成立后，中国共产党重视人才培养；同时也证明了即使没有条件正规学习，只要你孜孜以求，永不言弃，同样有进入高等学府学习从而获得进一步发展的机会。50 多年来，徐景藩一直珍藏着这封信，作为个人一生最值得纪念的物品。

徐景藩收拾了已经开业五年多的诊所，告别父母妻儿、弟妹亲友，赴京求学。到北京后，依次到人事部、卫生部报到。从全国各大行政区共录取 45 名学员，卫生部派人负责全班学员的管理和政治思想工作。由于学员的数学基础普遍薄弱，特地请北师大数学系的颜教授给学员补习数学。补课虽然仅有一个月的时间，却为以后学习医学数学打下了基础，还培养了大家分析问题、解决问题的能力。

1 个月的时间很快过去，卫生部主管中医

工作的同志曾两次来看望学员，召开座谈会，勉励学员坚持不懈，刻苦努力，完成5年的学习任务。1952年8月下旬，全班同学搬到北京大学理学院学生宿舍，开始了新的学习生活。在理学院读了1年预科后，又到北京医学院学习4年。

5年间，徐景藩感受到了来自各方的莫大关心、爱护和培养教育，感到无比的温暖。一门门现代科学知识，使他产生浓厚的兴趣。他过去所学的多是宏观的、基础的中医学理论，现在却能学到人体生理、解剖、病理、生化等微观知识。他也逐步体会到中医的特色和优势，体会到中医、西医各有所长，可相互补充。他求知若渴，勤奋刻苦，加上善于独立思考，不断有所感悟，学习进步很快，虽然他只有“高中同等学力”，但学习成绩一直保持优良。

5年间与同学朝夕相处，徐景藩在德、智、体方面得到了全面的发展和提高，在与同学互相切磋、揣摩和广泛的集中讨论中，不但交流了学习体会和心得，还建立了深厚的友谊。这对他和同学们今后从事中医医疗、教学、科研，特别是坚定对中医学的信念，都起到了很大的促进作用。

5年的学习生活，他聆听了众多知名教授的教诲，增长和丰富了基础与临床知识，也学到了他们宝贵的治学经验、教学方法。教授们的授课重点突出，难点清晰，理论联系实际，启发式的课堂讲解，都对他在专业上的提高帮助很大。有这么多知名的老师授课教导，真是一种幸运！徐景藩受到了极大的鼓舞和鞭策。这几年的学习让他终身受益，永远难忘！

1957年8月中旬毕业后，徐景藩被分配到创办不久的江苏省中医院。那时，他刚过而立之年，正是创业立业、大展身手的好年华。

博采众家学不厌
言传身教育后生

江苏省中医院地处南京市中心新街口的西侧，当年是闹中取静、空气洁净、适宜设立医疗机构的“宝地”。省中医院 1954 年 10 月建院于石婆婆庵，从一个门诊部开始，1956 年迁址，扩建成全省唯一的、全国最早筹建的省级中医医院之一。1957 年 8 月，徐景藩刚到该院工作时，这里仅设有 100 张病床。翌年增加到 150 张。以后不断继续发展，至今已是科室齐全，设备先进，中医专科特色明显，医、教、研全面发展的三级甲等中医院，省级示范中医院。

当时内科的主管医师，都是从沪、宁各地

特别是苏州、无锡、常州一带聘来的知名中医，如孟河马培之之孙马泽人，无锡肾病专家邹云翔，吴门曹氏传人曹鸣皋，丹阳名医张泽生、颜亦鲁等。他们有着扎实的中医理论基础和丰富的临床经验，都是徐景藩继续学习的好老师。在日常工作中他跟这些先生一起查房、讨论病例、听讲座。此外，他还一一登门向各位先生商借“门诊方笺存根”，回来认真阅读、摘录，找出各家的学术经验和特长。当时，医院的门诊处方是采用中医传统的“方笺”格式，16开本，每本300张纸，直式书写，有脉案、有药方。第一联用作配方，第二联交给病人，第三联是“存根笺”，由主诊医生自己留底保存。写完100例次，就留下一本内有100张存根的方笺，自己可以回顾、查阅、整理分类，也可供教学、科研、著述之用。徐景藩借阅的这些“存根笺”，都是先生们临床辨证施治的经验体现，是学习中医极其珍贵的活教材。揣摩这些病案是他提高自己辨证用药水平的重要途径。

此外，徐景藩还不断向同事学习。内科大部分住院医师都是“江苏省中医进修学校”结业分配来的优秀学员，大家来自大江南北，各有师承，再经进修深造，虽年龄相近，但每人都各有很好的学术见解和经验，都是他在工作中学习的好榜样。徐景藩虚心向他们学习中医理论和临床实践方面的体会和经验，这都让他受益匪浅。

两个月门诊工作后，他进入内科病房，同时还兼每周两个下午的固定门诊，或偶有临时“支援门诊”。他在病房管的病床，从开始的 20 张增加至 24 张，最多的时候曾管过 32 张。作为主管医师，查房时要对患者的病情进行分析，并需在治法、用药等方面提出指导性意见，有些重症、疑难病例，还需口授处方。除中医汤剂以外的其他辅助治疗，尤其是理化检验、复查等都须徐景藩根据各种不同的病证自己去安排。需要请院内外专家会诊时，徐景藩必须陪同诊察，并记录、执行会诊的各种意见。在病房，值24小时班是分内工作。那时，住院医生少，又没有实习医生，更没有进修医生，基本上是一个人独立工作，每个月总要值班10～15天。由于所管病床较多，进出医院的病人数和要写的病历自然也多，值班时徐景藩就利用深夜空隙时间来做白天未做完的工作。即使不值班，他也常常在晚上加班完成各项病历书写。值班的第二天，也常常要工作到中午才能下班。遇有抢救病人，就得连续几天在病房，根本谈不上值班补休。

1958～1960年，内科一病区床位一度增至64张，住院医生只有徐景藩和汪履秋（江苏省名中医）两人，24小时轮流值班，每人一天。然而，实际上两个人每天都从早到晚24小时在病房里，值班室里每人一张床，每天深夜一份夜宵，两人分着吃，真是“以病房为家”。工作虽忙，值班虽多，人很辛苦，两人却均无怨言。徐景藩觉得为自己热爱的中医事业工作，再苦再累也是值得的。况且，这更是锻炼自己的好机会，何乐而不为呢？至今，他还常常对弟子们说："实践出真知，多劳才会多能。"就是在这样紧张的临床工作中，他不断增长着自己的才干，积累了丰富的经验。

1959年秋，江苏省中医院作为南京中医学院（现在的南京中医药大学）的附属医院，临床科室均需建立相应的教研组。内科在曹鸣皋主任主持下，选定周仲瑛、姚九江、龚丽娟和徐景藩4人参加并筹建内科教研组。大家把一本很薄的32开《中医内科学》教材分为4段，每人1段，在临床之余进行备课、试讲、评议讨论。他们首要的任务是从临床实际出发，广泛搜集参考资料，充实教材的内容。虽然教研组购买了一些书籍，但他们还必须经常到中医学院图书馆看书、借书，并且自己也购买必要的工具书。徐景藩仍然“以病房为家”，但他妥善地安排好诊疗与备课的双重任务，不分昼夜，拼命工作，常常连节假日也不能休息。

课堂教学开始后，本科生班、干部班、西学中班，一共 6 个班，都是小班上课。4 段课程交叉上课，徐景藩每星期要跑三四趟，有时一天内上、下午都有课。从教数十年，徐景藩总是精心备课，一丝不苟，不断补充新内容，反复改进教学方法。他讲授时条理清晰，引经据典，深入浅出，联系实际，具体生动，并结合个人的临床体会，将自己的宝贵经验，毫无保留地传授给学生。一次，由于工作压力大，劳累过度，他血压升高、心动过速。他觉得实在支撑不住了，便不得已请别人代课。但到上课前一小时，他觉得症状已有改善，又毅然走上了讲台。那一双双渴求知识的眼睛给了他无穷的力量，使他忘却病痛，坚持把课上完。他所讲授的课程，学生们最爱听，他也是学生们最喜爱的老师之一。

作为教师，白天授课，晚上还要轮流到教室答疑、辅导。为了保证教学质量，避免理论与实践脱节，老师还要带学生临床实习，这是“一贯制”的教学方式，也就是既讲课，又答疑，谁讲什么课，谁就负责这些病种的见习、实习带教。这种“一贯制”的教学方法，老师虽然辛苦一些，但教学效果却很好。徐景藩原是乡镇医生，现在能登上中医高等学府的讲台，看到学生们认真学习、认真实习，一天天在进步，他的那种自豪感、责任感和喜悦的心情油然而生。临床带教时，他对学生书写的病历、撰写的论文，一字一句地修改，即使是标点符号的错误也一一予以纠正。到了晚年，他的视力下降，但为了及时修改学生的论文，他也常常戴着眼镜连夜批阅，从不拖沓。

学院里的教师，有寒假、暑假，而临床教师一到严寒、酷暑的时候，却格外忙碌。在寒暑假期间，重病人多，需抢救的多，医生非但休息不了，反而还要多加班、多值班。徐景藩认为这都是医生的天职，属分内之事。

通过医疗、教学的实践，工作与学习的结合，对工作中遇到的难点，如疑难病、重病，或常见病、一般的病证，如何提高疗效、缩短病程和防止复发等问题，对临证时每个病例、同类病证，徐景藩都认真思考，联系理论，加以分析，而后详加辨证，确立治法；常法变法，结合处理，内服外治，相互配用。对治疗有效或无效的病例，只要有点滴经验、体会或教训，他都及时用专门的笔记本记录下来。如此经久积累，他的理论和实践均得到不断提高，拓宽了思路，引证的依据越来越充实。

1988 年，徐景藩亲自主持了以培养主治中医师为目的的“江苏省中医内科提高班”。一年半的时间，他倾注了大量的心血。教学采用课堂讲学、门诊及病房实习、备课试讲、集体评议后再讲课等多种形式，使学生们收获很大。该班的毕业生后来都成了江苏省的中医骨干。

徐景藩是研究生导师。在指导研究生时，他治学严谨，言传身教，为人师表。他立座右铭四条，即："读书从博到精，撷采众长，分析思考，须有自己的见解；诊病务必细心，审因辨证，选方宜慎，择药熟知性能；改进给药方法，针对病情，达于病所，庶能提高治效；积累临床资料，撰文求实，常年不懈，集腋始能成裘。"学生久随其侧，不仅学到了高超的医疗技术，而且学到了可贵的做人、做学问的方法、态度，一生受用。

例如，在指导一位研究生撰写论文时，他亲自查看 100 多封随访信函，核实疗效。他常常说，医生应千方百计提高临床疗效。而疗效的判断，首先应听取病人的真实反映，即使当时取效，也还要经过一段时间的随访，才能最终认定治疗的结果，并从中取得经验和教训，才能不断提高业务水平，保证科研质量。在培养学生的过程中，他因材施教，严格要求，使学生在德、智、体和实际工作能力方面均得到长足的进步，在各自岗位上都取得了显著的成绩。他们中有的获得霍英东青年教师奖，有的走上领导岗位，有的被选作江苏省跨世纪人才培养工程的对象。此外，数十年来，他先后指导、培养国内外各类进修医生不计其数，真可谓“桃李满天下”。

作为全国老中医药专家学术经验继承工作指导老师，1990 年 10 月，徐景藩代表江苏省老中医，赴京参加了国家两部一局主办的拜师大会。他亲自选定学术继承人。在以后的十余年时间里，他临证施教，精心传授，所指导的三批六名学术继承人中，刘沈林获高徒奖，陆为民获优秀学术继承人奖。他为培养中医高水平学术人才倾注了大量心血，倾其平素所学、所知，使弟子们在基础理论、临床实践、教学科研各方面均得到了质的提高，并为中医事业的不断发展献计献策。他的徒弟单兆伟和刘沈林现已成为著名的脾胃病专家和博士研究生导师，刘沈林还担任江苏省中医院院长、南京中医药大学副校长。

徐景藩教给学生的不仅是医学知识，更有做人的准则。数十年来，他廉洁行医，拒收财物，拒不吃请的事例，不胜枚举，为广大医务人员树立了榜样。正如他常说的："要做好一名医生，首先要做好一个人，我们不能为了一点蝇头小利而丧失医生的人格。"

衷中参西补短长
融会新知贯古今

徐景藩认为，中西医各有所长，相互补充，并无矛盾，把中西医割裂甚至对立起来的观点是非常错误的。他常想，国家花大力培养中学西人才，不是要“弃中从西”或“以西代中”，而是要运用和借鉴现代医学的知识、技能，更好地为病人服务。所以，自己应继续学习，努力工作，把自己的精力奉献给人民的保健工作，奉献给中医事业。因此，在临床上，他勤于思考，做到衷中参西，融会新知。

徐景藩结合古今文献，联系现代医学对胃生理功能的认识，提出“胃能磨谷论”，是对中医胃之生理功能之补证，临床也有非常重要的实践意义。自《灵枢·平人绝谷》载“胃……受水谷三斗五升”，《诸病源候论》提出“胃受谷而脾磨之”的论述后，中医对胃的生理功能主要着眼于“纳”，故后人有“胃者围也”、“汇也”之说。亦宗“肠胃为海”、“胃为水谷之海”之意，认为胃似百川所归，为源源不绝之“海”。《素问·太阴阳明论》谓“脾主为胃行其津液”。可以看出，胃既纳谷，亦能磨谷，才能使食物腐熟、消化而下入小肠，成为精微、津液而由脾“行”之。不仅如此，脾还能“助胃气，主化水谷”（《难经·四十二难》），故可知胃能磨谷。程应旄在《医经句测》中明确提出“胃无消磨健运则不化”之说，强调了胃的主要功能是消化，并且认为胃的消磨功能借其“胃中所禀之性”，即“胃气”。食物消化后成为“谷气”，“胃气”亦需“谷气以充（养）之”，指出胃的受纳、消化功能及其与物质能量供应的相互关系。“磨谷”一词，生动形象地概括了胃的蠕动和消化过程。胃既有此重要功能，经过腐熟、磨化，才能完成“饮入于胃，游溢精气”（《素问·经脉别论》）的作用。此外，《难经·三十五难》提出：“小肠谓赤肠……胃者谓黄肠。”意即胃与小肠相连，有色泽之异，且胃与小肠上段尚有部分功能相似，两者协同完成“化物”的功能。十二指肠球部紧接胃腑，可以看成是胃的下部，故临床上该球部疾患（炎症或溃疡）表现的主症，也属于胃脘痛范畴。

徐景藩在临证之际，着重从医疗实践中总结经验。如对喻嘉言之“上脘多气，下脘多血，中脘多气多血”，“上脘清阳居多，下脘浊阴居多”之论述，参合现代医学进行分析，认为上脘部包括胃底部位，气体自多，从上腹部切诊叩之成鼓音，X 射线钡餐透视检查为胃泡气体之影可证实；下脘似指胃角以下，胃窦与幽门等处，存留胃液食糜，液质常存，犹如“浊阴”。将此论点运用于临床，提高了胃病的治疗效果。在诊断方面，他重视腹部切诊，认为切腹诊病，古已有之，非西医所特有，但现在许多临床医生往往忽视这一简单而实用的诊病方法。他总结了许多切腹诊病的经验。如上脘（或至鸠尾）压痛，以气滞为主，多数属实证；中脘附近压痛，有虚有实；下脘压痛固定局限，血瘀为多；胃中有食滞，上、中、下脘均可有压痛；中脘与右梁门压痛，中虚气滞占多；自诉胃痛，按上腹无明显痛点者，以肝胃不和为多，病情一般较轻浅；按诊时均诉不适，有胀满之感而无压痛者，以湿阻气滞为多；胃脘各部轻度压痛，在右胁下亦有压痛，乃气滞所致，与肝（胆）有关，属肝（胆）胃同病；胃脘无压痛，唯有右胁下、不容等部有压痛，病位主要在肝（胆）。这些宝贵的经验，对临床胃脘痛的辨证治疗，有着重要的指导作用，并弥补了教科书的不足。特别是用两手中指（或食指）在两侧梁门、天枢外侧，交互用力按击腹部，随按即起，侧耳于脘腹部，闻得内有辘辘声响者，常为胃中有水饮。而这一体征，从西医角度来说，常可提示有幽门不同程度的梗阻，临床尤当慎重对待，切勿盲目而贻误了病情。

又如，受X射线钡餐透视检查的启示，他认为人在直立或端坐时，由于重力作用，钡剂迅即流经食管而进入胃中。因此，在治疗食管疾病（包括炎症、溃疡、憩室炎）时，欲冀药物在食道停留时间延长，力求能起直接作用，他创“糊剂卧位服药法”。具体使用方法是：汤药要求浓煎，头煎和二煎各得药液100ml左右，分别加入藕粉一至两匙，如无藕粉，亦可代以山药粉、首乌粉或米粉，充分调匀后，于文火上边煮边搅，煮沸后成薄糊状，盛小碗中，放置床边，服时患者解衣卧床，左侧卧、平卧、右侧卧、俯卧各咽一二汤匙，余药取仰卧时吞服。服药毕，温水漱口吐去，平卧床上半小时，可稍稍翻身，但不可饮水，亦不可进食。若是晚间服药，服完后即睡，作用尤佳。如患食道憩室炎症，按X射线或胃镜所示，卧位服药时向憩室凸向的一侧睡，腰臀部稍垫高，10～20分钟后，向对侧卧20分钟；此时抽去枕头，使头部位置低，20分钟后，复加枕头，这样可使药物充分作用于憩室炎症部位，并使之得以流出。若患者胸骨后隐痛、刺痛，部位固定，症见瘀滞者，可在药糊中调入三七粉，每次1～1.5g；或云南白药，每次0.5～1g。卧位服药，加上药糊的黏性，有利于直接作用于患病之所，且停留时间较长。此外，藕粉清热凉血，熟后黏滞，尚有“护膜”之功。至于患者嫌药味较苦，可加少量白糖调匀后服；但舌苔白或苔腻，胸闷较甚，有痰咳出者，以不加白糖为好。将这些经验运用于临床，明显提高了食管病的治疗效果。特别是对许多采用西医治疗经久未效的患者，运用此法，坚持服药，均可收功。该法发表于《中医杂志》1989年第二期后，曾有许多同道反馈信息，言及运用此法不仅治疗有效，还可用于胃镜检查后食管受损、出血的防治。

西医有胃心综合征、胆心综合征，临床经常可见因胃疾、胆疾而诱发冠心病、心绞痛的病例。对于老年胃痛、胆结石兼有心脏疾病的患者，徐景藩强调胃心同治、胆心同治。对于胃心同病，中医早有论述。《灵枢·厥病》篇谓：“厥心痛，腹胀胸满，心尤痛者，胃心痛也。”这是对胃心同病的最早描述。心居胸中，胃居膈下，两者以横膈相邻，经脉络属，关系密切。如《素问·平人气象论》曰：“胃之大络，名曰虚里……出于左乳下，其动应衣，脉宗气也。”指出虚里之搏动，即心脏之跳动，其源于胃之大络。《灵枢·经别》又云：“足阳明之正……上通于心。”指出了胃之大络与足阳明经别都与心脏相通，说明了心与胃相通的经脉络属关系。《素问·经脉别论》曰：“食气入胃，浊气归心，淫精于脉，脉气流经……”说明饮食入胃，经过消化吸收、转输精气，注入于心，流入经脉，胃气和调，气血充足，则心脉通畅。而心主血脉，为五脏六腑之大主，胃之受纳、腐熟、通降等功能同样有赖于心血的濡养和心神的主宰。如宿有胃疾者，脾胃升降失常，气机阻滞，痰瘀内停，心络闭阻，每于胃病发作之时则可出现胸痹心痛；若脾胃受戕，生化乏源，气（阳）血（阴）不足，心失所养，则可见心悸、怔忡、不寐等症；而心气不足、心血瘀阻的患者，气血运行不畅，食少不易消运，临床在心悸、怔忡，甚则心痛、胸痹发作之时，往往可出现胃部的症状，特别是某些冠心病、心绞痛或心肌梗死患者是以胃脘疼痛为主症前来就诊的。因此，徐景藩强调，对胃脘部或左上腹疼痛的患者，应认真诊察，从疼痛的部位、性质、程度和全身情况，结合年龄、病史等加以鉴别。对心病、心痛预后的严重性要加以警惕，如有危重征象出现（如面色苍白、汗出、脉细或数疾或结代、肢冷等），要采取积极的抢救措施，切勿麻痹大意。

徐景藩曾治一男性患者，47岁，胸脘疼痛间作3个月来诊。患者2004年8月因晕厥、恶心，住江苏省某医院，测血压180/100mmHg左右，查24小时动态心电图示窦性心律，偶发房早，ST段下移0.05mV，诊为高血压病、心肌缺血，一直服用络汀新等药，血压维持在140/70mmHg左右，但平时仍有头昏、头重如裹、恶心等症状。

2005年10月31日因情志郁怒、饮酒出现上腹疼痛，及于左胸，痛势较著，每次数十分钟，又至该院急诊。查心电图示窦性心律，Ⅱ、Ⅲ、aVF、V5、V6ST段下移0.05—0.075mV，予络汀新、倍他乐克、消心痛等处理后稍有缓解；又加用复方丹参滴丸、通心络胶囊等，疼痛未除，反增泛酸、烧心。2005年12月查胃镜，示慢性食道炎、糜烂性胃炎、十二指肠球部霜斑样溃疡。予达克普隆，胸脘隐痛未减。来诊时胸脘隐痛而闷，伴有灼热感及刺痛感，嗳气泛酸，无背痛，无夜间疼痛，无吞咽困难、恶心，口有异味，烦躁，出汗，失眠，易头昏，矢气多而臭，大便量少，日行1次，不黑，无腹胀，舌微红，苔薄白，中有裂，脉细涩。徐景藩分析病情后认为，患者中年男性，离异10年，郁郁寡欢，饮酒常醉，吸烟每日两包，素体阴虚阳亢，复加情志不畅，肝气郁滞，津凝成痰，血行不畅，痰瘀交阻，痹阻胸阳，胃失和降。先拟通阳宣痹、理气和胃行瘀，佐以养心。方拟瓜蒌薤白半夏汤加减。

药用瓜蒌皮15g，炒薤白6g，法半夏10g，橘皮、橘络各6g，象贝10g，炒枳壳10g，佛手花10g，白芍15g，甘草5g，郁金10g，炒川芎10g，陈香橼10g，白蒺藜15g，茯苓15g，麦冬10g，建曲15g。水煎服，每日1剂，上午

9 时 30 分及下午 3 时 30 分服药。另予三七粉 2.5g，藕粉调成糊状，卧位服药，每日两次。

7 剂后患者胸脘疼痛十去其八，泛酸消失，稍嗳气，嘈杂易饥，时有头昏心慌。据证加用益气健脾养心、平肝滋肾息风等法，前后治疗 3 个月有余，胸脘疼痛消失，心电图检查及血压正常。

溃疡性结肠炎是目前世界范围的难治病。徐景藩结合该病的特点，大多以左半结肠为主，经过反复思考及多次临床试验，认为除辨证治疗外，当结合中药煎剂浓缩保留灌肠，可使药液直达病所。所用方药以地榆 30g，石菖蒲 20g，仙鹤草 30g 为主，浓煎成 150ml。于晚上 8 时令患者排便后，先取左侧卧位，臀部垫高约 20cm，肛管插入约 15cm，将药液保持 40℃，以每分钟 60 滴的速度灌入肠中。灌肠毕，拔去肛管，左侧卧 5 分钟，再平卧 5 分钟，再右侧卧 5 分钟（如回盲部也有病变则右侧卧 10～15 分钟），以后平卧。按此法药液一般均可保留较长时间，几可全被肠腔吸收。每日 1 次，连续 5 日，停 1～2 天，再灌 5 天，一般灌肠 20～30 次即可。如溃疡面积较大，加入云南白药或其他药粉适量，务使溶散在药液中，不使阻塞管腔。凡经服药加保留灌肠者，有效率较单纯服药者明显提高。因此，徐景藩也常常教导学生，临床要多思考、多分析，目的就是为了提高中医的临床疗效。

此外，他常将现代中药药理学的研究成果应用于临床，并收到了很好的效果。如对于溃疡性结肠炎的治疗，西医常需激素控制病情。他认为在活动期可用生甘草，缓解期则用炙甘草，在腹胀、湿热证不是很明显时，用量可稍大，因为现代药理研究发现，甘草有肾上腺皮质激素样作用、抗炎及抗变态反应的作用，却无激素的副作用，对于本病是非常适合的。其次甘草还有抗溃疡、抑制胃酸、解痉、保肝降酶、镇咳化痰等多种作用，因而对消化性溃疡、肝炎、咳嗽等病人，如能在辨证的基础上结合现代药理作用选择，每可提高疗效。

又如，对免疫性肝病出现的黄疸，他善用秦艽治疗。秦艽乃祛风除湿、和血舒筋、清虚热之品，但他通过阅读大量的古代文献，认为秦艽用于治疗黄疸早有记载，疗效确切，《本草纲目》就将秦艽列为治疗黄疸的主要药物之一。现代药理研究证实，秦艽有明显的抗炎作用，能促进肾上腺皮质激素的分泌，这一机制对免疫性肝病的治疗甚是相合。对于一些常用于治疗脾胃病的中药，徐景藩也进行深入的研究验证。如薏苡仁常用于胃病夹有湿浊者。胃炎兼有息肉或疣状胃炎而舌苔浊腻者，每用薏苡仁20～30g煎服，或以薏苡仁与大米等量煮粥食之，常获良效，治愈者甚多。对于萎缩性胃炎，胃窦部病变部位广而脘痛久发不愈，见舌苔白腻，湿浊甚明显者，常配用薏苡仁与陈皮泡水代茶，亦可取效。现代研究还表明，薏苡仁有明显的抗肿瘤作用。

再如，《金匮要略》治惊悸之方，立“火邪者，桂枝去芍药加蜀漆牡蛎龙骨救逆汤主之”。心悸为何用蜀漆（乃常山之嫩枝叶）？蜀漆何以有救逆之效？盖因用量较多时，常致恶心呕吐，出现此反应，也常常是产生效果的标志。临床上常常遇到卒发重症心悸患者，心悸不宁，气短，四肢不温，脉来疾数，往往不易计数（如心率大于160/分钟），心电图报告为室性或室上性阵发性心动过速，因无蜀漆，遂用常山，急煎服之。药液入胃，初时恶心呕吐，吐出痰涎及部分药汁，心动旋即恢复正常，心悸顿失，诸症均减。

由此可见，徐景藩在临床上从不将中西医截然分开，这也从一个侧面反映了他博览群书、衷中参西、西为中用的治学特点。

殚精竭虑研脾胃
师古不泥有创新

徐景藩作为一个优秀、全面的中医内科医生，潜心于脾胃病的诊治研究已50余年。他一生从医，学用一致，勤于实践，不断探索，日积月累，医疗经验日臻丰富，对食管、胃肠、肝、胆、胰腺等脏腑病证形成了自己的辨治方法。他发表有关脾胃方面的学术论文80余篇，代表性的如：《对食道功能性疾病的证治体会》、《食管疾病用药体会》、《胃能磨谷论》、《关于胃府形态病理——胃下的证治》、《慢性胃脘痛的辨证鉴别诊断》、《略论老年人胃病的证治特点》、《妇女更年期慢性胃脘痛的诊疗特点》、《治胃病八法》、《略论胃病与湿》、《略论胃痛与血瘀》、《胃病用药体会》、《脾胃疾病治法梗要》、《脾病病因病机探讨》、《简述脾阴虚的证治体会》、《诊治胆石症的几点体会》、《关于胆胃同病的证治梗要》、《肝性昏迷的病机证治探讨》、《重症肝炎的病机证治体会》、《肝气郁滞及疏肝法的临床运用》等。这些深有见地的学术论文，在业内引起较大反响，深受同行关注。他在古稀之年，集毕生经验，写成《徐景藩脾胃病治验辑要》专著一书。书出版后虽多次重印，但仍一书难求。

食管位于咽与胃之间，质柔而薄，古称“胃之系”。凡气郁、痰滞、里热、血瘀等病理因素累及食管，升降失常，可致炎症、溃疡，甚则转成顽症，致津液亏乏，干涩阻塞。该病重在早期发现，及早诊治。根据食管“柔空”的生理特点，对于食管病的治疗，宜实者疏瀹（理气、解郁、化痰、清热、行瘀），虚者润养，虚实兼夹者，宜疏润合法。临床上，气郁证的治疗宜理气解郁，和胃降逆；肝胃郁热证宜清泄肝胃，佐以降逆；痰气交阻证治宜理气化痰散结；气滞血瘀证治宜行气化瘀。凡用汤剂，采用一日多次服法。散剂可用噙化之法，亦可佐用代茶频饮之法。徐景藩常据证而配用一些宣通之品，如母丁香、鹅管石、娑罗子、通草、橘络、威灵仙、王不留行、急性子等，择其1～3味，可增其效。

徐景藩认为，脾不仅指解剖意义上的脾脏，还包括胰，在功能上广及消化、吸收、体内新陈代谢、免疫功能，并与血液、中枢神经包括自主神经系统相关。他认为脾的病机多以虚为本，以实为标。虚证以气虚为基础，实证以湿浊、气滞多见。根据《素问·宣明五气篇》“五脏所藏……脾藏意”及《难经·三十四难》“脾藏意与智”所论，联系临床，他认为脾与“意”、“智”关系密切。脑为髓之海，但需气血的濡养。脾为气血生化之源，故脾胃功能不足达到一定程度时，自然会影响到“意”与“智”等精神活动。脾虚者常可伴有“意”和“智”的不足，例如小儿弱智或“五迟”，病因与脾虚有一定的关系。若参用补脾健脾方药和饮食调治，使脾气健旺，“意”与“智”亦相应可以得到改善。

徐景藩认为，胃的生理功能和特点是：胃主纳而能磨谷，体阳用阴，多气多血。一胃三脘，上清下浊，主降宜和。针对古人脾喜刚燥、胃喜柔润之说，他根据多年临床体会，认为胃之喜性或润或燥、各有所好，应当根据辨证投润用燥，不可拘泥古训。诊治胃病，主张应辨别脏腑病位，分清虚实，在气在血，属寒属热，是否兼夹食滞、湿浊、痰饮、瘀血。诊查时重视运用腹部切诊方法，并积累了丰富的经验。

他尤其强调腹部分部的重要意义，认为其既利于辨证，又利于辨病，还可避免误诊误治。对胃脘痛创立了“三型论治”，分中虚气滞、肝胃不和、胃阴不足证，执简驭繁；将兼证分为湿阻证、血瘀证、胃寒证、食滞证，灵活变通。根据多年临床经验，他还总结出了一套相应的治疗方药，如疏肝和胃汤、调中理气汤、养胃理气汤、清肠抑肝汤、通噎和中汤、疏利肝胆汤等，十分利于临床使用。对妇女更年期慢性胃痛、胃痞，他认为以肝胃不和居多，且多气郁或兼营卫、冲任失调，临诊时当全面诊查，随证治之，注重解郁、调营、调冲等治法。老年人气血不足，阴液易亏，一旦患胃病，胃气易虚，胃阴亦每不足，脾胃功能容易受损，还易兼痰、湿、热、食滞、血瘀，并常常肺胃、胆胃、心胃等同病。治疗时需气阴兼顾。但需要注意的是：益气勿过温补，养阴勿过滋腻，化湿勿过辛燥，清热勿过苦寒，并应重视护膜宁络，防其损络出血。

如有脾胃气虚而兼肝阳上亢化风者，须用培土宁风之法。徐景藩认为，“胃下”自古即有此病，并非纯属中气下陷。对幽门不全性梗阻导致的呕吐，应运用祛饮、利小便及宣通行瘀的方药。诊治残胃炎症，应用通补结合、降胆和胃之法，他自拟残胃饮（炒白术、炒枳壳、制香附、五灵脂、石见穿、刀豆壳、柿蒂等）治疗，疗效明显。

对久泻顽疾，徐景藩认为，久泻脾必虚，脾虚肝易侮。脾虚可累及肾，故治疗当从脾、肝、肾三经考虑。脾虚生湿，湿郁可以生热，并易兼从口而入之湿热病邪，故治宜重视清化之法。此外，顽疾久泻，可及于血，对此可加行瘀之品。若腹痛痛位较固定，大便中夹有暗红血者，可加赤芍、紫草、三棱、地榆等品。他常用苦以燥湿、寒能制热的黄连，配加补骨脂温肾止泻，对久泻腹痛不著者颇有良效。他自拟“连脂清肠汤”，治疗溃疡性结肠炎，辅以“菖榆煎”保留灌肠，临床有较好疗效。至于治疗久泻的剂型和给药的途径，一般习用汤剂口服。《圣济总录》谓："散者，渐渍而散解，其治在中。""中"主要是指脾胃。据此，徐景藩在临床上常配用散剂治疗久泻。一般脾虚患者，以怀山药、党参、白术、茯苓、甘草、煨木香等药，研成极细末，加入等量米粉，酌加白砂糖少许。根据病情确定剂量，用温水调匀，边煮边搅，煮熟成糊状服用，比单纯汤剂内服的效果为优。用之临床，屡试不爽。

在肝病的诊治方面，徐景藩早在20世纪50年代后期，得益于已故名医邹良材先生的指导，运用中医药，按热郁、湿蒙、痰闭、阴虚进行辨证治疗，鼻饲给药，汤、散、针刺并进，抢救了不少肝昏迷患者。对阴虚证肝硬化腹水的患者，根据"真水虚，邪水盛"的病机，他采用养阴利水法进行治疗，取得了良好的疗效。他还针对肝硬化腹水的病因病机进行了较为深入、系统的探讨，根据临床实践，在诊治肝脏疾病方面探索出一套辨证论治的方法。他总结出的诊治肝病的方药，在临床上取得了良好疗效。以这些经验和理论为基础，他申报了多项科研课题，并一直指导着江苏省中医院中医肝胆疾病的临床治疗。

胆囊炎、胆结石是消化系统的常见病、多发病。徐景藩认为，发作而症著者以肝胆湿热占多数，慢性期一般有肝郁气滞或脾虚肝郁而兼湿热的表现。肝宜疏，胆腑宜通，湿热应及早、持久予以清化，脾虚宜运宜补。部分患者由于素体脾阳不振，易生内寒，与湿相合，或因过用苦寒药物，致脾胃受损，阳气内虚，升降斡旋失常，肝胆经络阻滞，徐景藩认为这是湿从寒化，宜运用温通之法。药如制附子配柴胡、白术、姜黄；见黄疸者，制附子配茵陈、鸡内金、海金沙；上腹右胁痛位广者，制附子配薏苡仁、败酱草；大便不畅，腑实内寒，寒热兼夹者，制附子配大黄；结石未排出者，制附子配皂角刺、路路通、三棱、赤白芍等。治胆病按“腑宜通”、“胆随胃降”的原则，常配用大黄后下，或开水泡焖后，取汁与另外所煎之药液相合而服。如大便次数不多，疼痛未消者，另加大黄粉，装入大号胶囊吞服；但若属于脾虚肝郁证者，当健脾运脾，运中有通，不用大黄，防损脾气；若胆总管结石或肝内胆管结石者，在辨证施治的基础上，酌配皂角刺、王不留行、路路通、通草、当归须、泽兰等。

急性胰腺炎在住院或急诊过程中，重症一般采取中西药兼用之法。徐景藩认为，一是以清化通腑消滞为基本治法，禁食期间，也可服汤药小量（30～50ml），每6小时1次，及时服药可以提高疗效，缩短疗程。二是配用外治法，芒硝打碎，加肉桂粉，布包外敷上腹，每日1次，敷20小时。然后稍稍清洗皮肤，停3～4小时再敷，连用7天，颇有良效。这一疗法对胰腺水肿、渗出有明显的改善作用。对于慢性胰腺炎或伴假性囊肿，上腹时有隐痛，脾虚肝胆湿热之证者，治以健脾疏肝、利胆清化之剂，但不可苦寒过度。脾虚内寒者，应加入制附子，与白术、淮山药、薏苡仁、良姜、败酱草等同用。治疗胰胆之疾，当认真辨证，若确有内寒，必须“温通”、“温化”，及时用附子。

徐景藩还非常重视类药在脾胃病治疗时的选用，强调在辨证的基础上因人、因时制宜。认为对于功用相似的药物，要认真反复比较，择其所长，避其所短，方可不断提高疗效。如党参和太子参同为补益脾胃之药，但党参甘平，为补益脾胃要药；太子参微甘，补益脾胃之力弱，但补气而不滞气，并有健胃养胃作用。

对脾胃病的治法，根据脾胃的生理病理特点和多年临床实践，他将其归纳为“升降、润燥、消补、清化”八字。其各有特点，又互有联系，具体选用得宜与否，直接影响防治效果。此外，他还重视疏肝法、化湿法及配合外治疗法等，认为这些方法是中医特色、优势的最好体现。

徐景藩师古不泥古，不断创新，他的有关脾胃的认识和诊治经验，使中医脾胃病学的理论和临床得到了进一步的丰富和完善。

临床疗效是根基
深入科研求发展

徐景藩长于总结经验，亦重视科研，强调中医科研应以临床为基础，并为临床服务，坚持实事求是的态度。早在 20 世纪 80 年代，他就带领研究生对胃脘痛的病因病机和辨证客观化，对脾虚证、食道炎、残胃炎症、慢性结肠炎等展开了一系列科研工作，勤求学术发展，提高临床疗效。

慢性胃病病因多端。徐景藩带领研究生进行了近千例病因学调查，找出了其中几种主要的病因，并研制了动物模型，通过动物实验进一步确认了这些致病因素。为了对中医“证”的实质进行研究，徐景藩和病理科、胃镜室的医务人员密切合作，进行了“胃脘痛证型与病理”的课题研究。该成果获1988年江苏省卫生厅科技进步甲级奖。由于在中医发病学中微生物作用的研究尚属空白，他与病理科的专家合作，开展了慢性胃炎中虚气滞证与幽门螺杆菌感染关系的研究。他们应用组织病理学及幽门螺杆菌特异的生化反应——尿素酶试验，观察到中虚气滞证组中幽门螺杆菌感染率、感染程度、侵犯深度及幽门螺杆菌所在部位黏液细胞的坏死崩解、中性白细胞浸润等均与其他证型组间存在显著性差异，提示“证”与“菌”及“菌”与组织学变化间存在一定联系。此外在电子显微镜下直接观察到了幽门螺杆菌对寄居上皮细胞微绒毛、紧密连接及进入细胞内引起的损伤性变化，进一步证实了它对该证型的致病作用。普通人群中约有50%左右的幽门螺杆菌感染率，但仅有少数人表现出不同程度的症状，大多数人无症状，甚至组织学检查也正常，它提示幽门螺杆菌可能是一种条件致病菌，在研究其致病性时，不仅要重视细菌的作用，还要发挥中医特色，注意宿主整体免疫反应及局部微环境的动态变化。在病因治疗时，除选择杀灭幽门螺杆菌的药物外，还应通过中医“扶正”，达到清除或抑杀幽门螺杆菌的目的。这一研究结果，对中医药治疗幽门螺杆菌感染具有重要意义。

徐景藩与放射科的同事开展了X射线征象与胃脘痛中医辨证分型关系的研究，共收集1000余例病人，研究显示有92％的病例均有不同程度的异常X射线表现。中虚气滞证的患者胃动力功能呈亢进征象，同时伴有胃张力偏高。中虚气滞证的主要病机是脾虚，与以往多数学者发现的脾虚患者的胃肠功能亢进一致，均认为是由于副交感神经兴奋性增强所致。而肝胃不和证者却完全相反，胃动力功能现为减弱的征象，同时胃的张力也偏低。肝胃不和型的主要病机涉及肝、胃二经，由于肝失疏泄，横逆犯胃，属于“木克土”，与多数学者对肝郁、肝阳的临床研究结论相符，均认为由于交感神经兴奋性增强所致。由此证明，胃肠的动力功能状况可作为胃脘痛两大主型辨证分型的一项重要客观指标。湿阻证患者空腹胃内潴留液明显多于其他型，以此可作为有无湿阻证的一项参考指标。西医对胃癌所描述的临床表现与中医辨证分型中血瘀证的主症颇为相符，受此启发，徐景藩常常告诫学生，若患者舌质暗紫，胃痛日久，当注意复查胃镜，看有无恶性病变的可能。

20世纪80年代初，徐景藩在国内率先开展了脾虚证与唾液淀粉酶活力的相关性研究。研究表明，脾虚患者唾液淀粉酶活力差多为负值，而随着脾虚症状的改善，酶活力差可转为正值。因此，酶活力差的检查对于脾虚的诊断和治疗，有一定的参考价值。特别是一些脾虚证不典型，或有它证夹杂不易辨认时，可提供辨证的参考。此外还有助于观察疗效。若患者病情好转，酶活力差由负值转为正值，脾虚症状明显改善，提示方药对证。否则，可根据证情，考虑进一步调整方药或药量。这一研究成果，对临床诊断治疗具有一定的指导意义。

徐景藩根据《灵枢·五癃津液别》“脾为之卫”及《灵枢·师传》“脾者主为卫”的记载，认为“卫”指人体抗御外邪的功能。脾主运化，为后天之本，气血生化之源，与抗病能力密切相关。证诸临床，凡脾虚之人，若不慎寒温，常易感受外邪。他曾开展了血液体液免疫功能指标如 IgG、IgA、IgM、C3 等的研究，获得了客观的数据，证实经补脾治疗后，症状可以得到改善。这些功能指标的提高，说明脾气健旺，抗御外邪的功能亦相应提高，进而提示在外感疾病的预防中，应重视维护和提高脾胃功能。在诊治复杂或重症外感疾患时，亦应注意勿使脾胃气阴受损，并及时予以调治，使正气充盛，邪气自祛。在热病恢复期，如能重视脾胃功能，则有助于早趋康复，避免复发或再感外邪。

根据自己多年的临床经验，徐景藩认为，慢性结肠炎主要病位在脾，可涉及肝、肾，而形成脾、肝、肾三脏同病。治疗慢性结肠炎当采用三脏同调，温清并用，对部分临床病人尚须配合中药保留灌肠。他创立的“连脂清肠汤”和灌肠液，申报了省级课题。他从临床、实验两方面对其进行了系统研究。动物实验显示，该方对肠平滑肌有明显的抑制作用，且呈量效关系。由于该方能缓解肠痉挛所致的腹痛，抑制肠肌活动，使肠蠕动减弱，食糜停留时间延长，水分吸收增加，从而可使大便变干，起到止泻作用。这与临床疗效完全相符合。“连脂清肠汤”具有拮抗乙酰胆碱和氯化钡对肠管的兴奋作用，也呈量效关系，提示可能通过阻断神经受体而解除肠痉挛，而且对肠平滑肌具有抑制作用。实验还证实，酚妥拉明能解除肾上腺素对肠管的抑制作用，但不能解除“连脂清肠汤”和中药灌肠液对肠平滑肌的作用，说明其作用并非通过兴奋受体而起作用。该研究成果获国家中医药管理局科技进步三等奖。徐景藩以临床为基础，结合动物实验及现代药理研究成果，进行开拓性的中医诊疗研究工作，这是提高中医科研水平和中医临床疗效的有效方法。

大医精诚多奉献 淡泊明志忠职守

徐景藩非常注重医德，认为医德与医术都关系到治疗的质量和效果。一位优秀的医生，应当是以德统才，德才兼备，方为良医。每遇重危疾病，他常引孙思邈的话："不得瞻前顾后，自虑吉凶，护惜身命。见彼苦恼，若己有之，深心凄怆，勿避险巇，昼夜寒暑，饥渴疲劳，一心赴救，无作功夫形迹之心，如此可为苍生大医，反此则是含灵巨贼。"以此告诫学生和勉励自己。

1987～1995 年期间，在医院组织的对贫困地区希望工程的捐赠和对洪涝、旱灾地区的多次捐助活动中，尽管自己的经济条件并不很好，但他总是医院捐款最多者之一。平时病人的吃请他从不参加，也从不收受病人赠送的财物，一直廉洁行医，处处为患者考虑。他就是这样从点点滴滴的小事做起，把对病人的一片爱心倾注在自己的实际工作中。

20 世纪 60 年代末到 70 年代初，徐景藩曾先后四次参加农村医疗队，奔赴缺医少药的贫困地区，与农民同吃、同住、同劳动。特别是在江苏高淳县巡回医疗时，他所在的医疗点是固城乡最偏僻的贫困村，生活条件极为艰苦。他克服了生活上的种种困难，满腔热情地为广大农民患者服务。白天，他不辞辛劳地和乡村医生一起深入田间、农户，为患者看病疗疾；晚上，又常常走访农家探病问苦，或辅导乡村医生，传授医术。

江苏省中医院建院初期，他一个人主管二三十张病床，而他所负责的病区，大多收治的是肝病和内科杂病。为了突出中医治疗疑难病的特色和疗效，使中医为更多的患者解除痛苦，作为年轻医生，他把全部精力投入到了为病人的服务中去。同事们回忆说，那几年，医生少、病人多，医疗任务繁重，他几乎没有时间休息。但为了患者，他不分昼夜地工作，1 个月中他有半个月是在病房值班，有时连续数日不能返家，有时 24 小时在病房观察、处理、抢救病人。

当时，他家离医院很远，上下班很不方便。一次，院长来家访，发现他妻子因眩晕发作已整整卧床 4 天，孩子没人照料。院长急忙回医院通知他，而他此时为了抢救病人已在医院连续工作了 3 个日夜。回家望着躺在床上面容憔悴的妻子，望着泪水涟涟的幼女，他一面安慰家人，一面为妻子诊治。妻子稍有好转，他就又回到病房工作。他的敬业精神和精湛的医技，使许多重症患者转危为安。

随着岁月的流逝，他黑发变白，而他对患

者的一份爱心，对中医事业的执著追求却并未衰退。市内和省内的疑难病例会诊他从不推辞，医院安排的专家门诊和病区查房，他也从不让盼诊的病人失望。即使自己身体不适，也暗自服点儿药坚持应诊。他常常对身边的医务人员说："病人是医生最好的老师，多贴近病人才能多增长知识。"正是本着这种精神，他把整个身心都献给了他所钟爱的中医事业。

徐景藩常对年轻的医务人员说："医者，仁术也。对病人当一视同仁，不分贫富贵贱。"早年在急诊室工作期间，值夜班时他总要带些大米，煮稀饭当作夜宵，但每次他都小心翼翼地把上面的米汤一勺勺舀出，喂给重症病人。中医历来持守"得谷者昌，失谷者亡，谷养胃气，治病当步步固护胃气"的治疗原则。这一勺勺米汤，不但包含着深刻的中医医理，更凝聚着一位医生的一片真情。1982 年 8 月的一天，一位溧水县家境贫困的溃疡性结肠炎患者因贫血、脓血便、消瘦，多方医治不愈，极度虚衰，卖掉了农家赖以生存的耕牛，满怀希望，慕名从乡下来到南京，请徐景藩医治。屋漏偏逢连夜雨，这位病人的钱物不慎在门诊大厅被窃。看到这位被重病和失窃折磨不堪的患者，徐景藩心情沉重，他从自己并不富裕的家中取来200元钱，送到病人手中，并亲自为他安排住院，施以精心的治疗。患者病情好转出院时，流下了感激的眼泪，连称徐景藩是“救命恩人”。

有一年冬天，安徽某青年农民胆囊手术后原有的慢性胃肠炎症复发加重，一吃就泻，形销骨立，卧床不起。在他住院期间，徐景藩多次为他精心诊治。病人病情逐渐有所好转。当得知这位患者经济极为困难，回家缺少路费时，徐景藩悄悄地送给病人一封信，里面是路费和一纸鼓励他顽强战胜疾病、树立信心的“座右铭”。事后，病房里的不少同事知道了此事，极为感动，也深受教育。有的门诊病人拿了他开的一些必需检验的单子，可是在复诊时，他却发现病人仍未检查，原因是经济有困难。他在感叹之余慨然帮助病人支付检验费，使病人明确诊断，及时得到治疗。

在诊室里，他备有茶杯。有些病人远道来诊，为了赶时间，只在路上吃了些干点心，诊病时舌苔上还留有食物残渣。徐景藩总是亲自倒开水给病人喝。他说：一则是濡润胃腑，二则是便于看清舌苔本色。发现候诊室有重病或年迈虚弱的患者，他总是提前为他们诊治，还常常为他们倒好茶水。病人感激地说，他们喝的不仅是一杯水，也是徐大夫对病人的一片爱心。

徐景藩数十年如一日，总是不知疲倦地工作。只要他出门诊，诊室门外总是人头攒动。他看病的特点是认真细致，重视病史及现症的全面分析，除施以中药内服外，还推崇中医外治疗法以及心理疏导。对疑难病证，他总是细致耐心地搜集病史和诊察资料，必要时发函随访，将反馈信息作为判断临床疗效的重要参考。即使病人再多，他也从不敷衍草率。这样他就须早上班，迟下班，耐心地诊治完最后一个病人才离开诊室。行医60余年，他到底治愈了多少疑难病证，拯救了多少生命，已无法确切地统计。粗算起来，总不下数万人次。这数万人次，都是他一个个尽心尽责诊治过，无微不至关怀过的。他常说："选择了医生这个职业，就是选择了奉献。"这种对工作极端负责、对患者极端热忱的精神赢得了广大患者的崇敬和爱戴。

20世纪70年代后期，徐景藩负责脾胃肝胆病区的医疗。他和同事们一起，从病历书写到查房讨论，从中药使用率到病区管理等均按中医规范化要求严格执行，使他所负责的病区成为全国中医院的示范病区。外省市中医院来的参观者、进修者络绎不绝，盛赞这样的病房才是名符其实的中医院病房。1983年，作为事业上颇有建树的专家，他被任命为江苏省中医院院长兼江苏省中医研究所所长。

到任后，如何处理好管理与业务的关系，如何使医院在改革开放中加速发展，成为他生活的中心和孜孜追求的目标。同时，他还要完成一定的医、教、研任务。他以超出常人的工作负荷，不辞劳苦地工作，制订了医院的发展规划，重点抓中医人才培养和中医专科建设，并多方奔波筹措资金，改善医院的就医条件。如医院目前的 72 个重点专科（病）门诊中有 3/4 就是在他任职期间建立、巩固、调整和发展起来的。这些重点专科适应了社会需求，凸显了中医院的特色。

只要有空，徐景藩就往病房跑。为提高全院病历质量，他组织各科病区负责人和护士长参观示范病区，要求医护病历按规范书写，如：必须要四诊详细，个人史中要记载病人生活起居、饮食嗜好等与中医病因有关的内容；女性患者要有经带胎产的内容；并专列“临床分析”一项，内容包括四诊综合要点、疾病的病因病机分析、诊断与鉴别诊断、治则治法、选用方药情况、对病情转归的相应判断以及防治对策等。从病历的书写能看出医生对中医理法方药的理解和认识水平，同时也是督促医生不断提高中医实践能力的手段。他在百忙中还带头积极探索中医综合治疗措施。即使现在，他在查房时也还经常检查住院医生书写的病历。对危重病人，他总是亲临病床前，了解病情，组织会诊。在他的主持下，医院工作始终坚持以中医为主、能中医不西医的方针。他组织妇、儿、外、伤等科互相观摩、讨论，结合各科病种特点，制订相应措施，认真贯彻实行。如外科病房对手术患者，在术前、术后也都能配合中医中药治疗。他强调从中医院的实际出发，实事求是，使全院的中医中药使用率始终保持在70％左右。

1985年，在徐景藩的领导下，医院取得了全国省级中医院医疗质量综合检查评比第二名。同年，医院被列入“七五”期间国家重点投资扩建的7所省级中医院行列，为医院的发展及创建三级甲等中医院和全国省级示范中医院奠定了坚实的基础。徐景藩积极倡导学科细分。1986年，在原脾胃、肝胆病组的基础上成立了中医消化科。他坚持“多方位研究、多学科结合”的原则，使中医消化科先后成为“国家中医药管理局脾胃病重点专科和重点学科”、“江苏省中医消化临床医学中心”。如今，该科也成为“十一五”期间全国唯一的脾胃病临床研究基地建设单位。

徐景藩以他学术上的造诣、高尚的医德，在江苏省中医界享有较高的声誉，可谓德高望重。但他并没有因此而自得，总是谦虚地说：“工作是大家做的，是集体力量的结晶。多多报道、奖励年轻人吧！他们才是医院的未来和希望。”他唯一的心愿就是：为了医院的发展，积极鼓励和培养年轻人才。他的头衔很多，而名片上只印有寥寥数字：江苏省中医院主任医师、教授。他的名片也正反映了他朴实无华的为人。

徐景藩十分重视一个党员、一个医生、一所医院的良好声誉，绝不为个人一点私利而破坏医院的规定。他多次谢绝外单位的聘请，从不“走穴”，不到别的医疗单位上“专家门诊”。他也拒绝参加任何带有药品广告性质的义诊，不接受任何带有商业行为的药品推销；在参加科研成果鉴定或医疗事故鉴定中坚持讲科学、讲真话，绝不违心地随波逐流，或为人情、为己利所驱使。相反，为了支持地方中医药事业的发展，对于一些偏远地区中医院发来的开诊、联合办院、义诊或周年庆典的邀请，他却不辞辛苦地欣然前往。虽然路途遥远，道路崎岖颠簸，但他到达目的地后，每每稍事休息便开始全身心地为病人诊病开方。各地群众知道他来诊治，常常翘首以待。

在生活上他从没有特殊要求，始终保持勤俭朴素的本色。1996 年，在省政府的关怀下，医院建起了一幢“高知楼”。徐景藩完全有资格在“高知楼”分到房子，但为了缓解医院的分房压力，为了改善中年知识分子的住房条件，他主动放弃无论是生活设施还是采光条件都要好许多的“高知楼”住房，仍旧住在 17 年前建造的老房子里。他常说的一句话就是“淡泊名利，多作贡献”。

在几十年平凡的工作中，在看似永恒不变的日日夜夜里，徐景藩以他自己的价值观及工作方式默默地奉献着，如春蚕吐丝，像血燕筑巢，似蜜蜂酿蜜，无怨无悔。年过八旬的他从来没有停止过工作，为了他深切关怀的病人，为了他所钟爱的中医事业，为了他寄予厚望的后学者，他呕心沥血，壮心不已！江苏省中医院目前已发展成为规模较大，拥有 1000 多张病床，中医专科特色明显，医、教、研全面发展的综合性中医院。近几年来，门急诊量均列江苏省各大医院首位，日门诊量在9000人次左右，床位使用率超过100%，先后成为江苏省首家三级甲等中医院、全国省级示范中医院。1994年获卫生部卫生单位先进集体荣誉称号，在全国中医界具有一定的地位和影响。江苏省中医院辉煌发展的今天，正是建院以来以徐景藩为代表的几代人努力的结果。徐景藩的事迹，集中反映了一代中医学专家对中医事业发展作出的探索和贡献。徐景藩在平凡的岗位上为大众的健康事业孜孜不倦、默默耕耘，赢得了人们的敬重、爱戴和信任，体现的就是白求恩精神的深刻内涵——无私的奉献精神！

饮食有节贵坚持
养生有道保康健

徐景藩早年患有高血压、室性心动过速、胆结石等疾病，但他从未住过院、打过针、挂过水，而是自己开方服药获得改善。现虽已年逾八旬，仍能坚持日常医疗、教学、科研和学术性工作，不能不说是得益于他养生有道，并且持之以恒。

他认为，食谱宜广，食量适当，食不甚饱，适可而止，绝不贪一时之“口福”。谷、肉、果、菜四大类的品种都要吃，并随不同年龄、不同季节而有所改变。在饮食方面，要保持清淡，五味适度，不过甜，少吃糖，勿过咸、过辣、过酸。少量饮酒，既有利于调剂生活，品尝菜肴，又有利于流通血脉，消除疲劳，对老年人颇有裨益。但饮酒切勿过量，切莫贪杯，他说明代李时珍《本草纲目》中曾有“多饮烧酒，烂人肠胃”的记载，可不慎乎？还有，饮白酒前先喝些茶水或其他饮料，一者使咽喉、食道黏膜得到“濡润”，二者使胃中增加适量液体，起到稀释作用。否则白酒易灼伤咽喉、食道和胃的黏膜，其危害也可能因此“立竿见影”。

喜、怒、忧、思、悲、恐、惊，合为“七情”，是人体正常的精神情志活动，过则有害，可以致病。《黄帝内经》提出要“恬淡虚无”，但徐景藩认为恬淡可以学、可以做，“虚无”二字只是形容、加强之意，“虚无”并不是摒弃一切正常的欲望。人随着年龄的增长，要不断提高自己的涵养，勿使“五志过极”而影响健康。

例如，要做到勿过怒，首先要学会自我克制，一个“耐”字起的作用很大。徐景藩治家严而有慈，对孩子教育抓早、抓好，言传身教。

他认为夫妇之间要和睦、协调，遇事多商量，有不同意见时多沟通，互敬、互让、互爱、互谅、互信，这样才能不断增进夫妻感情。若这些细致入微的工作做好了，加上严于律己，凡事谦虚、谨慎，令人发怒之事便可在无形之中避免。在单位，令人发怒的事也常会发生，但“怒”不能解决问题。同事之间，都是同志式的平等关系，要始终相信群众，依靠群众，解决问题。

“满招损，谦受益”，“三人行，必有吾师”，“生也有涯，知也无涯”。徐景藩时刻保持着“谦”，并常常因此而受“益”。“闻道有先后，术业有专攻，如此而已”，他鼓励学生“青出于蓝而胜于蓝”。“谦”是他数十年养成的品德，也是他一生中信奉的“座右铭”。“谦”可使人心志和平，“谦”可使人戒骄戒怒，“谦”可使人消除抑郁，“谦”可令人心情愉悦，“谦”能与人为善，“谦”能使人以诚相待。

读书是徐景藩平生最快乐的事。对中医经典著作，他反复阅读，温故知新，每读一遍，都会有“如遇故人”之感，并有新的感悟、新的乐趣。其中深味，难以言表。

值得一提的是，徐景藩和老伴盛祖英当年结婚时都只有小学毕业的文化程度，而如今则都是德高望重、令人敬仰的长者。尽管时代变迁，徐景藩的荣誉、地位步步高升，他们的生活、思想、观念也都有所变化，然而，几十年风雨同舟，他俩的爱情，不仅没有丝毫改变，相反却更加浓烈，更加牢固。60多年和谐的钻石般的婚姻，令年轻人羡慕不已！

徐景藩注意劳逸结合，有每天午饭后午睡的习惯。人说饭后不宜即卧，他却在饭后20分钟即上床躺下，三五分钟入睡。但他强调午饭勿吃太饱，饭后少谈话，少思考，少看书报。养成了这种习惯，不愁劳后无逸。良好的睡眠，是最有效的“逸”。他从来没有失眠过。他说，这恐怕是他最大的福分。一日之劳，午睡、夜寐就是很好的“逸”。读书、写文章时做到看、读、写约一个小时，感到眼疲劳了，就抬头望望窗外天空，闭闭眼，养养神，而后再看、再写。这是眼和脑的劳逸结合。傍晚的散步则是一日间最好的“逸”，不仅有益于消除白天工作、学习的疲劳，对医生这种“伏案久坐”的职业来说，通过散步，还能舒筋活络，流通气血，是“动静结合”的最好活动方式。尤其是和老伴牵手散步，夫妻年龄相近，志趣相近，边走边说，既是一大乐趣，又是继续培养感情的好时机。

徐景藩自小喜爱音乐，80多年没有离开过乐器，从没停止过拉拉、弹弹、吹吹，学习、工作之余，自我吹弹，自我欣赏，自得其乐，有益身心。到了老年，他改学电子琴，以资晚年消遣娱乐。他认为，生活中有了音乐，能使人激起心灵深处的青春余波，保持年轻人的心态。

文娱、体育互有联系，文娱可使精神生活丰富多彩，体育则可使身体强壮，气血流通。体育的内容、方法和力度，必须因时、因年龄制宜。徐景藩人到老年，仍然重视体育运动，每天天亮起床，进食少量泡饭，然后快步行走。他认为，年老之人，运动以快走为宜，所以，65 岁以后，他就以快走为主，一分钟走 100 米左右。

根据经验，徐景藩认为，老年人体育锻炼还应注意以下要点：

一是活动必须“对称”。例如左右对称、上下肢对称、前后对称、蹲起和弹跳对称，等等。“对称”的活动可避免因动作不当而引起肢体和关节的不适甚至损伤。

二是宜练“呼呼吸”气功。站稳后双手合抱，两目远望，凝神静气地呼气。当呼气结束时，再收腹、提肛。略俯上身，再行呼气，把两肺的残气尽量吐出。然后慢慢挺胸，两鼻自然地吸气。吸气毕，稍停几秒钟，接着再呼、再吸。如此反复，可使肺活量增加，通气功能改善。由于横膈有序地“升降”，可起到“内脏按摩”的作用，并能防治老年人前列腺增生和痔疮等病。

三是晨练必须事先进食，可饮约200ml水和一两稀饭，随身还要带少量糖果或饼干，万一出现头晕黑蒙、心悸汗出，应立即坐下，吃一点糖果或饼干，这样可以缓解低血糖等紧急状况。

“流水不腐，户枢不蠹。”徐景藩通过养生锻炼，至今仍以健康的身体和心态继续为人民健康、为中医事业竭尽全力，不辜负祖国和人民对他的培养，不负此生。他要让自己的人生旅程平安、宁静，善始善终。

（撰稿人　陆为民）

《中华中医昆仑》丛书 150 位医家名录

（按生年排序）

张锡纯	丁甘仁	萧龙友	王朴诚	恽铁樵
曹炳章	冉雪峰	谢　观	施今墨	汪逢春
孔伯华	黄竹斋	吴佩衡	蒲辅周	陈邦贤
李翰卿	李斯炽	姚国美	陆渊雷	张泽生
时逸人	张梦侬	叶橘泉	王聘贤	陈慎吾
邹云翔	赵炳南	承淡安	余无言	刘惠民
岳美中	沈仲圭	秦伯未	赵锡武	韦文贵
程门雪	黄文东	赵心波	董廷瑶	吴考槃
章次公	石筱山	陆南山	张赞臣	李聪甫
刘绍武	陈存仁	朱仁康	陆瘦燕	姜春华
韩百灵	高仲山	李克绍	王鹏飞	刘春圃
金寿山	哈荔田	何世英	周凤梧	干祖望
关幼波	王为兰	任应秋	罗元恺	祝谌予
杨医亚	郭士魁	何时希	耿鉴庭	俞慎初

裘沛然	顾伯华	江育仁	邓铁涛	门纯德
刘渡舟	尚天裕	朱良春	李玉奇	程士德
尚志钧	赵绍琴	董建华	米伯让	李辅仁
张珍玉	班秀文	颜正华	于己百	颜德馨
路志正	方药中	王乐匋	黄星垣	谢海洲
余桂清	何　任	王子瑜	程莘农	陈彤云
焦树德	张作舟	张　琪	李寿山	张镜人
王绵之	方和谦	印会河	王玉川	蔡小荪
李振华	马继兴	王嘉麟	宋祚民	刘弼臣
王雪苔	刘志明	吴咸中	李今庸	任继学
裴学义	王宝恩	周霭祥	贺普仁	唐由之
赵冠英	许润三	金世元	陆广莘	刘柏龄
徐景藩	吉良晨	吴定寰	沈自尹	王孝涛
张灿玾	周仲瑛	强巴赤列	张代钊	李经纬
郭维淮	柴松岩	苏荣扎布	陈可冀	李济仁
夏桂成	郭子光	巴黑·玉素甫	张学文	陈介甫